CONSTITUTION

OF 4 OCTOBER 1958

This English translation was prepared under the joint responsibility of the Press, Information and Communication Directorate of the Ministry of Foreign Affairs and the European Affairs Department of the National Assembly. The French original is the sole authentic text.

TABLE DES TITRES DE LA CONSTITUTION

Pages

Préambule	....	6
Titre premier.	– De la souveraineté (art. 2 à 4)...............................	6
Titre	II. – Le Président de la République (art. 5 à 19).........	8
Titre	III. – Le Gouvernement (art. 20 à 23).........................	16
Titre	IV. – Le Parlement (art. 24 à 33)	18
Titre	V. – Des rapports entre le Parlement et le Gouvernement (art. 34 à 51)..	22
Titre	VI. – Des traités et accords internationaux (art. 52 à 55)	32
Titre	VII. – Le Conseil constitutionnel (art. 56 à 63)...............	34
Titre	VIII. – De l'autorité judiciaire (art. 64 à 66)....................	38
Titre	IX. – La Haute Cour de justice (art. 67 et 68)	40
Titre	X. – De la responsabilité pénale des membres du Gouvernement (art. 68-1 à 68-3)	40
Titre	XI. – Le Conseil économique et social (art. 69 à 71)....	42
Titre	XII. – Des collectivités territoriales (art. 72 à 75)	44
Titre	XIII. – *Abrogé*	44
Titre	XIV. – Des accords d'association (art. 88)	46
Titre	XV. – Des Communautés européennes et de l'Union européenne (art. 88-1 à 88-4)	46
Titre	XVI. – De la révision (art. 89)	48
Titre	XVII. – *Abrogé*	48

CONTENTS
(Titles of the text of the Constitution)

		Pages
PREAMBLE		7
TITLE I	On sovereignty (arts. 2 to 4)	7
TITLE II	The President of the Republic (arts. 5 to 19)	9
TITLE III	The Government (arts. 20 to 23)	17
TITLE IV	Parliament (arts. 24 to 33)	19
TITLE V	On relations between Parliament and the Government (arts. 34 to 51)	23
TITLE VI	On treaties and international agreements (arts. 52 to 55)	33
TITLE VII	The Constitutional Council (arts. 56 to 63)	35
TITLE VIII	On judicial authority (arts. 64 to 66)	39
TITLE IX	The High Court of Justice (arts. 67 and 68)	41
TITLE X	On the criminal liability of members of the Goverment (arts. 68-1 to 68-3)	41
TITLE XI	The Economic and Social Council (arts. 69 to 71)	43
TITLE XII	On territorial units (arts. 72 to 75)	45
TITLE XIII	*(Repealed)*	45
TITLE XIV	On association agreements (art. 88)	47
TITLE XV	On the European Communities and the European Union (arts. 88-1 to 88-4)	47
TITLE XVI	On the amendment of the Constitution (art. 89)	49
TITLE XVII	*(Repealed)*	49

PRÉAMBULE

Le peuple français proclame solennellement son attachement aux Droits de l'Homme et aux principes de la souveraineté nationale tels qu'ils ont été définis par la Déclaration de 1789, confirmée et complétée par le préambule de la Constitution de 1946.

En vertu de ces principes et de celui de la libre détermination des peuples, la République offre aux territoires d'outre-mer qui manifestent la volonté d'y adhérer des institutions nouvelles fondées sur l'idéal commun de liberté, d'égalité et de fraternité et conçues en vue de leur évolution démocratique.

Article premier

La France est une République indivisible, laïque, démocratique et sociale. Elle assure l'égalité devant la loi de tous les citoyens sans distinction d'origine, de race ou de religion. Elle respecte toutes les croyances.

TITRE PREMIER
De la souveraineté

Article 2

La langue de la République est le français.

L'emblème national est le drapeau tricolore, bleu, blanc, rouge.

L'hymne national est la « Marseillaise ».

La devise de la République est « Liberté, Égalité, Fraternité ».

Son principe est: gouvernement du peuple, par le peuple et pour le peuple.

Article 3

La souveraineté nationale appartient au peuple qui l'exerce par ses représentants et par la voie du référendum.

Aucune section du peuple ni aucun individu ne peut s'en attribuer l'exercice.

Le suffrage peut être direct ou indirect dans les conditions prévues par la Constitution. Il est toujours universel, égal et secret.

Sont électeurs, dans les conditions déterminées par la loi, tous les nationaux français majeurs des deux sexes, jouissant de leurs droits civils et politiques.

PREAMBLE

The French people solemnly proclaim their attachment to the Rights of Man and the principles of national sovereignty as defined by the Declaration of 1789, confirmed and complemented by the Preamble to the Constitution of 1946.

By virtue of these principles and that of the self-determination of peoples, the Republic offers to the overseas territories that express the will to adhere to them new institutions founded on the common ideal of liberty, equality and fraternity and conceived with a view to their democratic development.

Article 1

France shall be an indivisible, secular, democratic and social Republic. It shall ensure the equality of all citizens before the law, without distinction of origin, race or religion. It shall respect all beliefs.

TITLE I

On sovereignty

Article 2

The language of the Republic shall be French.

The national emblem shall be the blue, white and red tricolour flag.

The national anthem shall be *La Marseillaise*.

The motto of the Republic shall be "Liberty, Equality, Fraternity".

Its principle shall be: government of the people, by the people and for the people.

Article 3

National sovereignty shall belong to the people, who shall exercise it through their representatives and by means of referendum.

No section of the people nor any individual may arrogate to itself, or to himself, the exercise thereof.

Suffrage may be direct or indirect as provided by the Constitution. It shall always be universal, equal and secret.

All French citizens of either sex who have reached their majority and are in possession of their civil and political rights may vote as provided by statute.

Article 4

Les partis et groupements politiques concourent à l'expression du suffrage. Ils se forment et exercent leur activité librement. Ils doivent respecter les principes de la souveraineté nationale et de la démocratie.

TITRE II
Le Président de la République

Article 5

Le Président de la République veille au respect de la Constitution. Il assure, par son arbitrage, le fonctionnement régulier des pouvoirs publics ainsi que la continuité de l'État.

Il est le garant de l'indépendance nationale, de l'intégrité du territoire et du respect des traités.

Article 6

Le Président de la République est élu pour sept ans au suffrage universel direct.

Les modalités d'application du présent article sont fixées par une loi organique.

Article 7

Le Président de la République est élu à la majorité absolue des suffrages exprimés. Si celle-ci n'est pas obtenue au premier tour de scrutin, il est procédé, le deuxième dimanche suivant, à un second tour. Seuls peuvent s'y présenter les deux candidats qui, le cas échéant après retrait de candidats plus favorisés, se trouvent avoir recueilli le plus grand nombre de suffrages au premier tour.

Le scrutin est ouvert sur convocation du Gouvernement.

L'élection du nouveau Président a lieu vingt jours au moins et trente-cinq jours au plus avant l'expiration des pouvoirs du Président en exercice.

En cas de vacance de la Présidence de la République pour quelque cause que ce soit, ou d'empêchement constaté par le Conseil constitutionnel saisi par le Gouvernement et statuant à la majorité absolue de ses membres, les fonctions du Président de la République, à l'exception de celles prévues aux articles 11 et 12 ci-dessous, sont provisoirement exercées par le Président du Sénat et, si celui-ci est à son tour empêché d'exercer ces fonctions, par le Gouvernement.

En cas de vacance ou lorsque l'empêchement est déclaré définitif par le Conseil constitutionnel, le scrutin pour l'élection du nouveau Président a lieu, sauf cas de force majeure constaté par le Conseil constitutionnel, vingt jours au moins et trente-cinq jours au plus après l'ouverture de la vacance ou la déclaration du caractère définitif de l'empêchement.

Article 4

Political parties and groups shall contribute to the exercise of suffrage. They shall be formed and carry on their activities freely. They must respect the principles of national sovereignty and democracy.

TITLE II

The President of the Republic

Article 5

The President of the Republic shall see that the Constitution is observed. He shall ensure, by his arbitration, the proper functioning of the public authorities and the continuity of the State.

He shall be the guarantor of national independence, territorial integrity and observance of treaties.

Article 6

The President of the Republic shall be elected for seven years by direct universal suffrage.

The manner of implementation of this article shall be determined by an institutional Act.

Article 7

The President of the Republic shall be elected by an absolute majority of the votes cast. If such a majority is not obtained on the first ballot, a second ballot shall take place on the second following Sunday. Only the two candidates who received the greatest number of votes in the first ballot, account being taken of any withdrawal of candidates with more votes, may stand in the second ballot.

Balloting shall be begun by a writ of election issued by the Government.

The election of the new President shall be held not less than twenty days and not more than thirty-five days before the expiry of the term of the President in office.

Should the Presidency of the Republic fall vacant for any reason whatsoever, or should the Constitutional Council on a reference from the Government rule by an absolute majority of its members that the President of the Republic is incapacitated, the duties of the President of the Republic, with the exception of those specified in articles 11 and 12, shall be temporarily exercised by the President of the Senate or, if the latter is in turn incapacitated, by the Government.

In the case of a vacancy, or where the incapacity of the President is declared permanent by the Constitutional Council, the ballot for the election of the new President shall, except in the event of a finding by the Constitutional Council of force majeure, be held not less than twenty days and not more than thirty-five days after the beginning of the vacancy or the declaration that the incapacity is permanent.

Si, dans les sept jours précédant la date limite du dépôt des présentations de candidatures, une des personnes ayant, moins de trente jours avant cette date, annoncé publiquement sa décision d'être candidate décède ou se trouve empêchée, le Conseil constitutionnel peut décider de reporter l'élection.

Si, avant le premier tour, un des candidats décède ou se trouve empêché, le Conseil constitutionnel prononce le report de l'élection.

En cas de décès ou d'empêchement de l'un des deux candidats les plus favorisés au premier tour avant les retraits éventuels, le Conseil constitutionnel déclare qu'il doit être procédé de nouveau à l'ensemble des opérations électorales ; il en est de même en cas de décès ou d'empêchement de l'un des deux candidats restés en présence en vue du second tour.

Dans tous les cas, le Conseil constitutionnel est saisi dans les conditions fixées au deuxième alinéa de l'article 61 ci-dessous ou dans celles déterminées pour la présentation d'un candidat par la loi organique prévue à l'article 6 ci-dessus.

Le Conseil constitutionnel peut proroger les délais prévus aux troisième et cinquième alinéas sans que le scrutin puisse avoir lieu plus de trente-cinq jours après la date de la décision du Conseil constitutionnel. Si l'application des dispositions du présent alinéa a eu pour effet de reporter l'élection à une date postérieure à l'expiration des pouvoirs du Président en exercice, celui-ci demeure en fonction jusqu'à la proclamation de son successeur.

Il ne peut être fait application ni des articles 49 et 50 ni de l'article 89 de la Constitution durant la vacance de la Présidence de la République ou durant la période qui s'écoule entre la déclaration du caractère définitif de l'empêchement du Président de la République et l'élection de son successeur.

Article 8

Le Président de la République nomme le Premier ministre. Il met fin à ses fonctions sur la présentation par celui-ci de la démission du Gouvernement.

Sur la proposition du Premier ministre, il nomme les autres membres du Gouvernement et met fin à leur fonctions.

Article 9

Le Président de la République préside le Conseil des ministres.

Article 10

Le Président de la République promulgue les lois dans les quinze jours qui suivent la transmission au Gouvernement de la loi définitivement adoptée.

Il peut, avant l'expiration de ce délai, demander au Parlement une nouvelle délibération de la loi ou de certains de ses articles. Cette nouvelle délibération ne peut être refusée.

If, in the seven days preceding the last day for lodging presentations of candidature, any of the persons who, less than thirty days prior to that day, have publicly announced their decision to be a candidate dies or becomes incapacitated, the Constitutional Council may decide to postpone the election.

If, before the first ballot, any of the candidates dies or becomes incapacitated, the Constitutional Council shall declare the election postponed.

In the event of the death or incapacitation of either of the two candidates in the lead in the first ballot before any withdrawals, the Constitutional Council shall declare that the electoral procedure must be repeated in full; the same shall apply in the event of the death or incapacitation of either of the two candidates remaining standing for the second ballot.

All cases shall be referred to the Constitutional Council in the manner laid down in the second paragraph of article 61 or in that laid down for the presentation of candidates in the institutional Act provided for in article 6.

The Constitutional Council may extend the time limits set in the third and fifth paragraphs, provided that polling takes place not later than thirty-five days after the decision of the Constitutional Council. If the implementation of the provisions of this paragraph results in the postponement of the election beyond the expiry of the term of the President in office, the latter shall remain in office until his successor is proclaimed.

Neither articles 49 and 50 nor article 89 of the Constitution shall be implemented during the vacancy of the Presidency of the Republic or during the period between the declaration that the incapacity of the President of the Republic is permanent and the election of his successor.

Article 8

The President of the Republic shall appoint the Prime Minister. He shall terminate the appointment of the Prime Minister when the latter tenders the resignation of the Government.

On the proposal of the Prime Minister, he shall appoint the other members of the Government and terminate their appointments.

Article 9

The President of the Republic shall preside over the Council of Ministers.

Article 10

The President of the Republic shall promulgate Acts of Parliament within fifteen days following the final adoption of an Act and its transmission to the Government.

He may, before the expiry of this time limit, ask Parliament to reconsider the Act or sections of the Act. Reconsideration shall not be refused.

Article 11

Le Président de la République, sur proposition du Gouvernement pendant la durée des sessions ou sur proposition conjointe des deux assemblées, publiées au *Journal officiel,* peut soumettre au référendum tout projet de loi portant sur l'organisation des pouvoirs publics, sur des réformes relatives à la politique économique ou sociale de la Nation et aux services publics qui y concourent, ou tendant à autoriser la ratification d'un traité qui, sans être contraire à la Constitution, aurait des incidences sur le fonctionnement des institutions.

Lorsque le référendum est organisé sur proposition du Gouvernement, celui-ci fait, devant chaque assemblée, une déclaration qui est suivie d'un débat.

Lorsque le référendum a conclu à l'adoption du projet de loi, le Président de la République promulgue la loi dans les quinze jours qui suivent la proclamation des résultats de la consultation

Article 12

Le Président de la République peut, après consultation du Premier ministre et des Présidents des assemblées, prononcer la dissolution de l'Assemblée nationale.

Les élections générales ont lieu vingt jours au moins et quarante jours au plus après la dissolution.

L'Assemblée nationale se réunit de plein droit le deuxième jeudi qui suit son élection. Si cette réunion a lieu en dehors de la période prévue pour la session ordinaire, une session est ouverte de droit pour une durée de quinze jours.

Il ne peut être procédé à une nouvelle dissolution dans l'année qui suit ces élections.

Article 13

Le Président de la République signe les ordonnances et les décrets délibérés en Conseil des ministres.

Il nomme aux emplois civils et militaires de l'État.

Les conseillers d'État, le grand chancelier de la Légion d'honneur, les ambassadeurs et envoyés extraordinaires, les conseillers maîtres à la Cour des comptes, les préfets, les représentants du Gouvernement dans les territoires d'outre-mer, les officiers généraux, les recteurs des académies, les directeurs des administrations centrales sont nommés en Conseil des ministres.

Une loi organique détermine les autres emplois auxquels il est pourvu en Conseil des ministres, ainsi que les conditions dans lesquelles le pouvoir de nomination du Président de la République peut être par lui délégué pour être exercé en son nom.

Article 11

The President of the Republic may, on a proposal from the Government when Parliament is in session or on a joint motion of the two assemblies, published in either case in the *Journal officiel,* submit to a referendum any government bill which deals with the organization of the public authorities, or with reforms relating to the economic or social policy of the Nation and to the public services contributing thereto, or which provides for authorization to ratify a treaty that, although not contrary to the Constitution, would affect the functioning of the institutions.

Where the referendum is held in response to a proposal by the Government, the latter shall make a statement before each assembly which shall be followed by a debate.

Where the referendum decides in favour of the government bill, the President of the Republic shall promulgate it within fifteen days following the proclamation of the results of the vote.

Article 12

The President of the Republic may, after consulting the Prime Minister and the Presidents of the assemblies, declare the National Assembly dissolved.

A general election shall take place not less than twenty days and not more than forty days after the dissolution.

The National Assembly shall convene as of right on the second Thursday following its election. Should it so convene outside the period prescribed for the ordinary session, a session shall be called by right for a fifteen-day period.

No further dissolution shall take place within a year following this election.

Article 13

The President of the Republic shall sign the ordinances and decrees deliberated upon in the Council of Ministers.

He shall make appointments to the civil and military posts of the State.

Conseillers d'Etat, the *grand chancelier de la Légion d'Honneur,* ambassadors and envoys extraordinary, senior members of the Audit Court, prefects, government representatives in the overseas territories, general officers, *recteurs des académies (1)* and heads of central government services shall be appointed in the Council of Ministers.

An institutional Act shall determine the other posts to be filled in the Council of Ministers and the manner in which the power of the President of the Republic to make appointments may be delegated by him to be exercised on his behalf.

---

(1) Heads of regional educational authorities.

Article 14

Le Président de la République accrédite les ambassadeurs et les envoyés extraordinaires auprès des puissances étrangères ; les ambassadeurs et les envoyés extraordinaires étrangers sont accrédités auprès de lui.

Article 15

Le Président de la République est le chef des armées. Il préside les conseils et comités supérieurs de la Défense nationale.

Article 16

Lorsque les institutions de la République, l'indépendance de la Nation, l'intégrité de son territoire ou l'exécution de ses engagements internationaux sont menacés d'une manière grave et immédiate et que le fonctionnement régulier des pouvoirs publics constitutionnels est interrompu, le Président de la République prend les mesures exigées par ces circonstances, après consultation officielle du Premier ministre, des Présidents des assemblées ainsi que du Conseil constitutionnel.

Il en informe la Nation par un message.

Ces mesures doivent être inspirées par la volonté d'assurer aux pouvoirs publics constitutionnels, dans les moindres délais, les moyens d'accomplir leur mission. Le Conseil constitutionnel est consulté à leur sujet.

Le Parlement se réunit de plein droit.

L'Assemblée nationale ne peut être dissoute pendant l'exercice des pouvoirs exceptionnels.

Article 17

Le Président de la République a le droit de faire grâce.

Article 18

Le Président de la République communique avec les deux assemblées du Parlement par des messages qu'il fait lire et qui ne donnent lieu à aucun débat.

Hors session, le Parlement est réuni spécialement à cet effet.

Article 19

Les actes du Président de la République autres que ceux prévus aux articles 8 (premier alinéa), 11, 12, 16, 18, 54, 56 et 61 sont contresignés par le Premier ministre et, le cas échéant, par les ministres responsables.

Article 14

The President of the Republic shall accredit ambassadors and envoys extraordinary to foreign powers; foreign ambassadors and envoys extraordinary shall be accredited to him.

Article 15

The President of the Republic shall be commander-in-chief of the armed forces. He shall preside over the higher national defence councils and committees.

Article 16

Where the institutions of the Republic, the independence of the Nation, the integrity of its territory or the fulfilment of its international commitments are under serious and immediate threat, and where the proper functioning of the constitutional public authorities is interrupted, the President of the Republic shall take the measures required by these circumstances, after formally consulting the Prime Minister, the Presidents of the assemblies and the Constitutional Council.

He shall inform the Nation of these measures in a message.

The measures must stem from the desire to provide the constitutional public authorities, in the shortest possible time, with the means to carry out their duties. The Constitutional Council shall be consulted with regard to such measures.

Parliament shall convene as of right.

The National Assembly shall not be dissolved during the exercise of the emergency powers.

Article 17

The President of the Republic has the right to grant pardon.

Article 18

The President of the Republic shall communicate with the two assemblies of Parliament by means of messages, which he shall cause to be read and which shall not be the occasion for any debate.

Outside sessions, Parliament shall be convened especially for this purpose.

Article 19

Acts of the President of the Republic, other than those provided for under articles 8 (first paragraph), 11, 12, 16, 18, 54, 56 and 61, shall be countersigned by the Prime Minister and, where required, by the appropriate ministers.

TITRE III

Le Gouvernement.

Article 20

Le Gouvernement détermine et conduit la politique de la Nation.

Il dispose de l'administration et de la force armée.

Il est responsable devant le Parlement dans les conditions et suivant les procédures prévues aux articles 49 et 50.

Article 21

Le Premier ministre dirige l'action du Gouvernement. Il est responsable de la Défense nationale. Il assure l'exécution des lois. Sous réserve des dispositions de l'article 13, il exerce le pouvoir réglementaire et nomme aux emplois civils et militaires.

Il peut déléguer certains de ses pouvoirs aux ministres.

Il supplée, le cas échéant, le Président de la République dans la présidence des conseils et comités prévus à l'article 15.

Il peut, à titre exceptionnel, le suppléer pour la présidence d'un Conseil des ministres en vertu d'une délégation expresse et pour un ordre du jour déterminé.

Article 22

Les actes du Premier ministre sont contresignés, le cas échéant, par les ministres chargés de leur exécution.

Article 23

Les fonctions de membre du Gouvernement sont incompatibles avec l'exercice de tout mandat parlementaire, de toute fonction de représentation professionnelle à caractère national et de tout emploi public ou de toute activité professionnelle.

Une loi organique fixe les conditions dans lesquelles il est pourvu au remplacement des titulaires de tels mandats, fonctions ou emplois.

Le remplacement des membres du Parlement a lieu conformément aux dispositions de l'article 25.

TITLE III

The Government

Article 20

The Government shall determine and conduct the policy of the Nation.

It shall have at its disposal the civil service and the armed forces.

It shall be responsible to Parliament in accordance with the terms and procedures set out in articles 49 and 50.

Article 21

The Prime Minister shall direct the operation of the Government. He shall be responsible for national defence. He shall ensure the implementation of legislation. Subject to article 13, he shall have power to make regulations and shall make appointments to civil and military posts.

He may delegate certain of his powers to ministers.

He shall deputize, if the case arises, for the President of the Republic as chairman of the councils and committees referred to in article 15.

He may, in exceptional cases, deputize for him as chairman of a meeting of the Council of Ministers by virtue of an express delegation of powers for a specific agenda.

Article 22

Acts of the Prime Minister shall be countersigned, where required, by the ministers responsible for their implementation.

Article 23

The duties of member of the Government shall be incompatible with the exercise of any parliamentary office, any position of occupational representation at national level, any public employment or any occupational activity.

An institutional Act shall determine the manner in which the holders of such offices, positions or employment shall be replaced.

The replacement of Members of Parliament shall take place in accordance with the provisions of article 25.

TITRE IV

Le Parlement.

Article 24

Le Parlement comprend l'Assemblée nationale et le Sénat.

Les députés à l'Assemblée nationale sont élus au suffrage direct.

Le Sénat est élu au suffrage indirect. Il assure la représentation des collectivités territoriales de la République. Les Français établis hors de France sont représentés au Sénat.

Article 25

Une loi organique fixe la durée des pouvoirs de chaque assemblée, le nombre de ses membres, leur indemnité, les conditions d'éligibilité, le régime des inéligibilités et des incompatibilités.

Elle fixe également les conditions dans lesquelles sont élues les personnes appelées à assurer, en cas de vacance du siège, le remplacement des députés ou des sénateurs jusqu'au renouvellement général ou partiel de l'assemblée à laquelle ils appartenaient.

Article 26

Aucun membre du Parlement ne peut être poursuivi, recherché, arrêté, détenu ou jugé à l'occasion des opinions ou votes émis par lui dans l'exercice de ses fonctions.

Aucun membre du Parlement ne peut faire l'objet, en matière criminelle ou correctionnelle, d'une arrestation ou de toute autre mesure privative ou restrictive de liberté qu'avec l'autorisation du Bureau de l'assemblée dont il fait partie. Cette autorisation n'est pas requise en cas de crime ou délit flagrant ou de condamnation définitive.

La détention, les mesures privatives ou restrictives de liberté ou la poursuite d'un membre du Parlement sont suspendues pour la durée de la session si l'assemblée dont il fait partie le requiert.

L'assemblée intéressée est réunie de plein droit pour des séances supplémentaires pour permettre, le cas échéant, l'application de l'alinéa ci-dessus.

Article 27

Tout mandat impératif est nul.

Le droit de vote des membres du Parlement est personnel.

La loi organique peut autoriser exceptionnellement la délégation de vote. Dans ce cas, nul ne peut recevoir délégation de plus d'un mandat.

TITLE IV

Parliament

Article 24

Parliament shall comprise the National Assembly and the Senate.

The deputies to the National Assembly shall be elected by direct suffrage.

The Senate shall be elected by indirect suffrage. The representation of the territorial units of the Republic shall be ensured in the Senate. French nationals settled outside France shall be represented in the Senate.

Article 25

An institutional Act shall determine the term for which each assembly is elected, the number of its members, their allowances, the conditions of eligibility and the terms of disqualification and of incompatibility with membership.

It shall likewise determine the manner of election of those persons who, in the event of a vacancy, are to replace deputies or senators whose seats have become vacant, until the general or partial renewal by election of the assembly to which they belonged.

Article 26

No Member of Parliament shall be prosecuted, investigated, arrested, detained or tried in respect of opinions expressed or votes cast in the exercise of his duties.

No Member of Parliament shall be arrested for a serious crime or other major offence, nor shall he be subjected to any other custodial or semi-custodial measure, without the authorization of the Bureau of the assembly of which he is a member. Such authorization shall not be required in the case of a serious crime or other major offence committed *flagrante delicto* or a final sentence.

The detention, subjection to custodial or semi-custodial measures, or prosecution of a Member of Parliament shall be suspended for the duration of the session if the assembly of which he is a member so requires.

The assembly concerned shall convene as of right for additional sittings in order to permit the preceding paragraph to be applied should circumstances so require.

Article 27

Any binding instruction shall be void.

The right to vote of Members of Parliament shall be personal.

An institutional Act may, in exceptional cases, authorize voting by proxy. In that event, no member shall be given more than one proxy.

Article 28

Le Parlement se réunit de plein droit en une session ordinaire qui commence le premier jour ouvrable d'octobre et prend fin le dernier jour ouvrable de juin.

Le nombre de jours de séance que chaque assemblée peut tenir au cours de la session ordinaire ne peut excéder cent vingt. Les semaines de séance sont fixées par chaque assemblée.

Le Premier ministre, après consultation du Président de l'assemblée concernée, ou la majorité des membres de chaque assemblée peut décider la tenue de jours supplémentaires de séance.

Les jours et les horaires des séances sont déterminés par le règlement de chaque assemblée.

Article 29

Le Parlement est réuni en session extraordinaire à la demande du Premier ministre ou de la majorité des membres composant l'Assemblée nationale, sur un ordre du jour déterminé.

Lorsque la session extraordinaire est tenue à la demande des membres de l'Assemblée nationale, le décret de clôture intervient dès que le Parlement a épuisé l'ordre du jour pour lequel il a été convoqué et au plus tard douze jours à compter de sa réunion.

Le Premier ministre peut seul demander une nouvelle session avant l'expiration du mois qui suit le décret de clôture.

Article 30

Hors les cas dans lesquels le Parlement se réunit de plein droit, les sessions extraordinaires sont ouvertes et closes par décret du Président de la République.

Article 31

Les membres du Gouvernement ont accès aux deux assemblées. Ils sont entendus quand ils le demandent.

Ils peuvent se faire assister par des commissaires du Gouvernement.

Article 32

Le Président de l'Assemblée nationale est élu pour la durée de la législature. Le Président du Sénat est élu après chaque renouvellement partiel.

Article 33

Les séances des deux assemblées sont publiques. Le compte rendu intégral des débats est publié au *Journal officiel*.

Chaque assemblée peut siéger en comité secret à la demande du Premier ministre ou d'un dixième de ses membres.

Article 28

Parliament shall convene as of right in one ordinary session which shall start on the first working day of October and shall end on the last working day of June.

The number of days for which each assembly may sit during the ordinary session shall not exceed one hundred and twenty. The sitting weeks shall be determined by each assembly.

The Prime Minister, after consulting the President of the assembly concerned, or the majority of the members of each assembly may decide to meet for additional sitting days.

The days and hours of sittings shall be determined by the rules of procedure of each assembly.

Article 29

Parliament shall convene in extraordinary session, at the request of the Prime Minister or of the majority of the members of the National Assembly, to consider a specific agenda.

Where an extraordinary session is held at the request of members of the National Assembly, the decree closing it shall take effect once Parliament has dealt with the agenda for which it was convened, or twelve days after its first sitting, whichever shall be the earlier.

Only the Prime Minister may request a new session before the end of the month following the decree closing an extraordinary session.

Article 30

Except where Parliament convenes as of right, extraordinary sessions shall be opened and closed by decree of the President of the Republic.

Article 31

Members of the Government shall have access to the two assemblies. They shall address either assembly whenever they so request.

They may be assisted by government commissioners.

Article 32

The President of the National Assembly shall be elected for the duration of the term for which the Assembly is elected. The President of the Senate shall be elected after each partial renewal by election.

Article 33

The sittings of the two assemblies shall be public. A verbatim report of the debates shall be published in the *Journal officiel*.

Each assembly may sit in camera at the request of the Prime Minister or of one tenth of its members.

TITRE V

Des rapports entre le Parlement et le Gouvernement.

Article 34

La loi est votée par le Parlement.

La loi fixe les règles concernant :

– les droits civiques et les garanties fondamentales accordées aux citoyens pour l'exercice des libertés publiques ; les sujétions imposées par la Défense nationale aux citoyens en leur personne et en leurs biens ;

– la nationalité, l'état et la capacité des personnes, les régimes matrimoniaux, les successions et libéralités ;

– la détermination des crimes et délits ainsi que les peines qui leur sont applicables ; la procédure pénale ; l'amnistie ; la création de nouveaux ordres de juridiction et le statut des magistrats ;

– l'assiette, le taux et les modalités de recouvrement des impositions de toutes natures ; le régime d'émission de la monnaie.

La loi fixe également les règles concernant :

– le régime électoral des assemblées parlementaires et des assemblées locales ;

– la création de catégories d'établissements publics ;

– les garanties fondamentales accordées aux fonctionnaires civils et militaires de l'État ;

– les nationalisations d'entreprises et les transferts de propriété d'entreprises du secteur public au secteur privé.

La loi détermine les principes fondamentaux :

– de l'organisation générale de la Défense nationale ;

– de la libre administration des collectivités locales, de leurs compétences et de leurs ressources ;

– de l'enseignement ;

– du régime de la propriété, des droits réels et des obligations civiles et commerciales ;

– du droit du travail, du droit syndical et de la sécurité sociale.

Les lois de finances déterminent les ressources et les charges de l'État dans les conditions et sous les réserves prévues par une loi organique.

Les lois de financement de la sécurité sociale déterminent les conditions générales de son équilibre financier et, compte tenu de leurs prévisions de recettes, fixent ses objectifs de dépenses, dans les conditions et sous les réserves prévues par une loi organique.

Des lois de programme déterminent les objectifs de l'action économique et sociale de l'État.

TITLE V

On relations between Parliament and the Government

Article 34

Statutes shall be passed by Parliament.

Statutes shall determine the rules concerning:

- civic rights and the fundamental guarantees granted to citizens for the exercise of their public liberties; the obligations imposed for the purposes of national defence upon citizens in respect of their persons and their property;

- nationality, the status and legal capacity of persons, matrimonial regimes, inheritance and gifts;

- the determination of serious crimes and other major offences and the penalties applicable to them; criminal procedure; amnesty; the establishment of new classes of courts and tribunals and the regulations governing the members of the judiciary (2);

- the base, rates and methods of collection of taxes of all types; the issue of currency.

Statutes shall likewise determine the rules concerning:

- the electoral systems of parliamentary assemblies and local assemblies;

- the creation of categories of public establishments;

- the fundamental guarantees granted to civil and military personnel employed by the State;

- the nationalization of enterprises and transfers of ownership in enterprises from the public to the private sector.

Statutes shall determine the fundamental principles of:

- the general organization of national defence;

- the self-government of territorial units, their powers and their resources;

- education;

- the regime governing ownership, rights *in rem* and civil and commercial obligations;

- labour law, trade-union law and social security.

Finance Acts shall determine the resources and obligations of the State in the manner and with the reservations specified in an institutional Act.

Social security finance Acts shall determine the general conditions for the financial balance of social security and, in the light of their revenue forecasts, shall determine expenditure targets in the manner and with the reservations specified in an institutional Act.

Programme Acts (3) shall determine the objectives of the economic and social action of the State.

---

(2) The judiciary is to be understood as consisting of the Bench and public prosecutors.
(3) A *loi de programme* authorizes the Government to schedule measures involving expenditure covering several financial years.

Les dispositions du présent article pourront être précisées et complétées par une loi organique.

Article 35

La déclaration de guerre est autorisée par le Parlement.

Article 36

L'état de siège est décrété en Conseil des ministres.

Sa prorogation au-delà de douze jours ne peut être autorisée que par le Parlement.

Article 37

Les matières autres que celles qui sont du domaine de la loi ont un caractère réglementaire.

Les textes de forme législative intervenus en ces matières peuvent être modifiés par décrets pris après avis du Conseil d'État. Ceux de ces textes qui interviendraient après l'entrée en vigueur de la présente Constitution ne pourront être modifiés par décret que si le Conseil constitutionnel a déclaré qu'ils ont un caractère réglementaire en vertu de l'alinéa précédent.

Article 38

Le Gouvernement peut, pour l'exécution de son programme, demander au Parlement l'autorisation de prendre par ordonnances, pendant un délai limité, des mesures qui sont normalement du domaine de la loi.

Les ordonnances sont prises en Conseil des ministres après avis du Conseil d'État. Elles entrent en vigueur dès leur publication mais deviennent caduques si le projet de loi de ratification n'est pas déposé devant le Parlement avant la date fixée par la loi d'habilitation.

A l'expiration du délai mentionné au premier alinéa du présent article, les ordonnances ne peuvent plus être modifiées que par la loi dans les matières qui sont du domaine législatif.

Article 39

L'initiative des lois appartient concurremment au Premier ministre et aux membres du Parlement.

Les projets de loi sont délibérés en Conseil des ministres après avis du Conseil d'État et déposés sur le bureau de l'une des deux assemblées. Les projets de loi de finances et de loi de financement de la sécurité sociale sont soumis en premier lieu à l'Assemblée nationale.

The provisions of this article may be enlarged upon and complemented by an institutional Act.

Article 35

A declaration of war shall be authorized by Parliament.

Article 36

Martial law shall be decreed in the Council of Ministers.

Its extension beyond twelve days may be authorized only by Parliament.

Article 37

Matters other than those that fall within the ambit of statute shall be matters for regulation.

Acts of Parliament passed concerning these matters may be amended by decree issued after consultation with the *Conseil d'Etat*. Any such Acts which are passed after this Constitution has entered into force shall be amended by decree only if the Constitutional Council has declared that they are matters for regulation as defined in the preceding paragraph.

Article 38

In order to carry out its programme, the Government may ask Parliament for authorization, for a limited period, to take measures by ordinance that are normally a matter for statute.

Ordinances shall be issued in the Council of Ministers, after consultation with the *Conseil d'Etat*. They shall come into force upon publication, but shall lapse if the bill to ratify them is not laid before Parliament before the date set by the enabling Act.

At the end of the period referred to in the first paragraph of this article, ordinances may be amended only by an Act of Parliament in those areas which are matters for statute.

Article 39

The Prime Minister and Members of Parliament alike shall have the right to initiate statutes.

Government bills shall be discussed in the Council of Ministers after consultation with the *Conseil d'Etat* and shall be introduced in one of the two assemblies. Finance bills and social security finance bills shall be presented first to the National Assembly.

Article 40

Les propositions et amendements formulés par les membres du Parlement ne sont pas recevables lorsque leur adoption aurait pour conséquence soit une diminution des ressources publiques, soit la création ou l'aggravation d'une charge publique.

Article 41

S'il apparaît au cours de la procédure législative qu'une proposition ou un amendement n'est pas du domaine de la loi ou est contraire à une délégation accordée en vertu de l'article 38, le Gouvernement peut opposer l'irrecevabilité.

En cas de désaccord entre le Gouvernement et le Président de l'assemblée intéressée, le Conseil constitutionnel, à la demande de l'un ou de l'autre, statue dans un délai de huit jours.

Article 42

La discussion des projets de loi porte, devant la première assemblée saisie, sur le texte présenté par le Gouvernement.

Une assemblée saisie d'un texte voté par l'autre assemblée délibère sur le texte qui lui est transmis.

Article 43

Les projets et propositions de loi sont, à la demande du Gouvernement ou de l'assemblée qui en est saisie, envoyés pour examen à des commissions spécialement désignées à cet effet.

Les projets et propositions pour lesquels une telle demande n'a pas été faite sont envoyés à l'une des commissions permanentes dont le nombre est limité à six dans chaque assemblée.

Article 44

Les membres du Parlement et le Gouvernement ont le droit d'amendement.

Après l'ouverture du débat, le Gouvernement peut s'opposer à l'examen de tout amendement qui n'a pas été antérieurement soumis à la commission.

Si le Gouvernement le demande, l'assemblée saisie se prononce par un seul vote sur tout ou partie du texte en discussion en ne retenant que les amendements proposés ou acceptés par le Gouvernement.

Article 45

Tout projet ou proposition de loi est examiné successivement dans les deux assemblées du Parlement en vue de l'adoption d'un texte identique.

Lorsque, par suite d'un désaccord entre les deux assemblées, un projet ou une proposition de loi n'a pu être adopté après deux lectures par chaque assemblée ou,

Article 40

Bills and amendments introduced by Members of Parliament shall not be admissible where their adoption would have as a consequence either a diminution of public resources or the creation or increase of an item of public expenditure.

Article 41

Should it be found in the course of the legislative process that a Member's bill (4) or amendment is not a matter for statute or is contrary to a delegation granted by virtue of article 38, the Government may object that it is inadmissible.

In the event of disagreement between the Government and the President of the assembly concerned, the Constitutional Council, at the request of one or the other, shall rule within eight days.

Article 42

The discussion of government bills shall pertain, in the assembly which first has the bill before it, to the text introduced by the Government.

An assembly which has before it a text passed by the other assembly shall deliberate upon that text.

Article 43

Government and Members' bills shall, at the request of the Government or of the assembly having the bill before it, be referred for consideration to committees specially set up for this purpose.

Government and Members' bills concerning which such a request has not been made shall be referred to one of the standing committees, the number of which shall be limited to six in each assembly.

Article 44

Members of Parliament and the Government shall have the right of amendment.

Once the debate has begun, the Government may object to the consideration of any amendment which has not previously been referred to committee.

If the Government so requests, the assembly having the bill before it shall decide by a single vote on all or part of the text under discussion, on the sole basis of the amendments proposed or accepted by the Government.

Article 45

Every government or Member's bill shall be considered successively in the two assemblies of Parliament with a view to the adoption of an identical text.

If, as a result of a disagreement between the two assemblies, it has proved impossible to adopt a government or Member's bill after two readings by each

---

(4) A *proposition de loi* (Member's bill in this translation), is a bill introduced by a Member of Parliament (deputy or senator); cf private Member's bill in the United Kingdom.

si le Gouvernement a déclaré l'urgence, après une seule lecture par chacune d'entre elles, le Premier ministre a la faculté de provoquer la réunion d'une commission mixte paritaire chargée de proposer un texte sur les dispositions restant en discussion.

Le texte élaboré par la commission mixte peut être soumis par le Gouvernement pour approbation aux deux assemblées. Aucun amendement n'est recevable sauf accord du Gouvernement.

Si la commission mixte ne parvient pas à l'adoption d'un texte commun ou si ce texte n'est pas adopté dans les conditions prévues à l'alinéa précédent, le Gouvernement peut, après une nouvelle lecture par l'Assemblée nationale et par le Sénat, demander à l'Assemblée nationale de statuer définitivement. En ce cas, l'Assemblée nationale peut reprendre soit le texte élaboré par la commission mixte, soit le dernier texte voté par elle, modifié le cas échéant par un ou plusieurs des amendements adoptés par le Sénat.

Article 46

Les lois auxquelles la Constitution confère le caractère de lois organiques sont votées et modifiées dans les conditions suivantes.

Le projet ou la proposition n'est soumis à la délibération et au vote de la première assemblée saisie qu'à l'expiration d'un délai de quinze jours après son dépôt.

La procédure de l'article 45 est applicable. Toutefois, faute d'accord entre les deux assemblées, le texte ne peut être adopté par l'Assemblée nationale en dernière lecture qu'à la majorité absolue de ses membres.

Les lois organiques relatives au Sénat doivent être votées dans les mêmes termes par les deux assemblées.

Les lois organiques ne peuvent être promulguées qu'après déclaration par le Conseil constitutionnel de leur conformité à la Constitution.

Article 47

Le Parlement vote les projets de loi de finances dans les conditions prévues par une loi organique.

Si l'Assemblée nationale ne s'est pas prononcée en première lecture dans le délai de quarante jours après le dépôt d'un projet, le Gouvernement saisit le Sénat qui doit statuer dans un délai de quinze jours. Il est ensuite procédé dans les conditions prévues à l'article 45.

Si le Parlement ne s'est pas prononcé dans un délai de soixante-dix jours, les dispositions du projet peuvent être mises en vigueur par ordonnance.

Si la loi de finances fixant les ressources et les charges d'un exercice n'a pas été déposée en temps utile pour être promulguée avant le début de cet exercice, le Gouvernement demande d'urgence au Parlement l'autorisation de percevoir les impôts et ouvre par décret les crédits se rapportant aux services votés.

Les délais prévus au présent article sont suspendus lorsque le Parlement n'est pas en session.

assembly or, if the Government has declared the matter urgent, after a single reading by each of them, the Prime Minister may convene a joint committee, composed of an equal number of members from each assembly, to propose a text on the provisions still under discussion.

The text drafted by the joint committee may be submitted by the Government to both assemblies for approval. No amendment shall be admissible without the consent of the Government.

If the joint committee does not succeed in adopting a common text, or if the text is not adopted as provided in the preceding paragraph, the Government may, after a further reading by the National Assembly and by the Senate, ask the National Assembly to make a final decision. In that event, the National Assembly may reconsider either the text drafted by the joint committee, or the last text passed by itself, as modified, if such is the case, by any amendment or amendments adopted by the Senate.

Article 46

Acts of Parliament that the Constitution characterizes as institutional shall be passed and amended as provided in this article.

A government or Member's bill shall not be debated and put to the vote in the assembly in which it was first introduced until fifteen days have elapsed since its introduction.

The procedure set out in article 45 shall apply. Nevertheless, in the absence of agreement between the two assemblies, the text may be adopted by the National Assembly on final reading only by an absolute majority of its members.

Institutional Acts relating to the Senate must be passed in identical terms by the two assemblies.

Institutional Acts shall not be promulgated until the Constitutional Council has declared their conformity with the Constitution.

Article 47

Parliament shall pass finance bills in the manner provided by an institutional Act.

Should the National Assembly fail to reach a decision on first reading within forty days following the introduction of a bill, the Government shall refer the bill to the Senate, which must rule within fifteen days. The procedure set out in article 45 shall then apply.

Should Parliament fail to reach a decision within seventy days, the provisions of the bill may be brought into force by ordinance.

Should the finance bill establishing the resources and expenditures for a financial year not be introduced in time for promulgation before the beginning of that year, the Government shall as a matter of urgency ask Parliament for authorization to collect taxes and shall make available by decree the funds needed to meet the commitments already voted for. (5)

The time limits set by this article shall be suspended when Parliament is not in session.

---

(5) This expression is a translation for *"services votés"*.

La Cour des comptes assiste le Parlement et le Gouvernement dans le contrôle de l'exécution des lois de finances.

Article 47-1

Le Parlement vote les projets de loi de financement de la sécurité sociale dans les conditions prévues par une loi organique.

Si l'Assemblée nationale ne s'est pas prononcée en première lecture dans le délai de vingt jours après le dépôt d'un projet, le Gouvernement saisit le Sénat qui doit statuer dans un délai de quinze jours. Il est ensuite procédé dans les conditions prévues à l'article 45.

Si le Parlement ne s'est pas prononcé dans un délai de cinquante jours, les dispositions du projet peuvent être mises en œuvre par ordonnance.

Les délais prévus au présent article sont suspendus lorsque le Parlement n'est pas en session et, pour chaque assemblée, au cours des semaines où elle a décidé de ne pas tenir séance, conformément au deuxième alinéa de l'article 28.

La Cour des comptes assiste le Parlement et le Gouvernement dans le contrôle de l'application des lois de financement de la sécurité sociale.

Article 48

Sans préjudice de l'application des trois derniers alinéas de l'article 28, l'ordre du jour des assemblées comporte, par priorité et dans l'ordre que le Gouvernement a fixé, la discussion des projets de loi déposés par le Gouvernement et des propositions de loi acceptées par lui.

Une séance par semaine au moins est réservée par priorité aux questions des membres du Parlement et aux réponses du Gouvernement.

Une séance par mois est réservée par priorité à l'ordre du jour fixé par chaque assemblée.

Article 49

Le Premier ministre, après délibération du Conseil des ministres, engage devant l'Assemblée nationale la responsabilité du Gouvernement sur son programme, ou éventuellement sur une déclaration de politique générale.

L'Assemblée nationale met en cause la responsabilité du Gouvernement par le vote d'une motion de censure. Une telle motion n'est recevable que si elle est signée par un dixième au moins des membres de l'Assemblée nationale. Le vote ne peut avoir lieu que quarante-huit heures après son dépôt. Seuls sont recensés les votes favorables à la motion de censure qui ne peut être adoptée qu'à la majorité des membres composant l'Assemblée. Sauf dans le cas prévu à l'alinéa ci-dessous, un député ne peut être signataire de plus de trois motions de censure au cours d'une même session ordinaire et de plus d'une au cours d'une même session extraordinaire.

Le Premier ministre peut, après délibération du Conseil des ministres, engager la responsabilité du Gouvernement devant l'Assemblée nationale sur le vote d'un texte. Dans ce cas, ce texte est considéré comme adopté, sauf si une motion de cen-

The Audit Court shall assist Parliament and the Government in monitoring the implementation of finance Acts.

Article 47-1

Parliament shall pass social security finance bills in the manner provided by an institutional Act.

Should the National Assembly fail to reach a decision on first reading within twenty days following the introduction of a bill, the Government shall refer the bill to the Senate, which must rule within fifteen days. The procedure set out in article 45 shall then apply.

Should Parliament fail to reach a decision within fifty days, the provisions of the bill may be implemented by ordinance.

The time limits set by this article shall be suspended when Parliament is not in session and, as regards each assembly, during the weeks when it has decided not to sit in accordance with the second paragraph of article 28.

The Audit Court shall assist Parliament and the Government in monitoring the implementation of social security finance Acts.

Article 48

Without prejudice to the application of the last three paragraphs of article 28, precedence shall be given on the agendas of the assemblies, and in the order determined by the Government, to the discussion of government bills and of Members' bills accepted by the Government.

At one sitting a week at least precedence shall be given to questions from Members of Parliament and to answers by the Government.

At one sitting a month precedence shall be given to the agenda determined by each assembly.

Article 49

The Prime Minister, after deliberation by the Council of Ministers, may make the Government's programme or possibly a statement of its general policy an issue of its responsibility before the National Assembly.

The National Assembly may raise an issue of the Government's responsibility by passing a motion of censure. Such a motion shall not be admissible unless it is signed by at least one tenth of the members of the National Assembly. Voting may not take place within forty-eight hours after the motion has been introduced. Only the votes in favour of the motion of censure shall be counted; the motion of censure shall not be adopted unless it is voted for by the majority of the members of the Assembly. Except as provided in the following paragraph, a deputy shall not sign more than three motions of censure during a single ordinary session and more than one during a single extraordinary session.

The Prime Minister may, after deliberation by the Council of Ministers, make the passing of a bill an issue of the Government's responsibility before the National Assembly. In that event, the bill shall be considered adopted unless a motion of cen-

sure, déposée dans les vingt-quatre heures qui suivent, est votée dans les conditions prévues à l'alinéa précédent.

Le Premier ministre a la faculté de demander au Sénat l'approbation d'une déclaration de politique générale.

Article 50

Lorsque l'Assemblée nationale adopte une motion de censure ou lorsqu'elle désapprouve le programme ou une déclaration de politique générale du Gouvernement, le Premier ministre doit remettre au Président de la République la démission du Gouvernement.

Article 51

La clôture de la session ordinaire ou des sessions extraordinaires est de droit retardée pour permettre, le cas échéant, l'application des dispositions de l'article 49. A cette même fin, des séances supplémentaires sont de droit.

TITRE VI
Des traités et accords internationaux.

Article 52

Le Président de la République négocie et ratifie les traités.

Il est informé de toute négociation tendant à la conclusion d'un accord international non soumis à ratification.

Article 53

Les traités de paix, les traités de commerce, les traités ou accords relatifs à l'organisation internationale, ceux qui engagent les finances de l'État, ceux qui modifient des dispositions de nature législative, ceux qui sont relatifs à l'état des personnes, ceux qui comportent cession, échange ou adjonction de territoire, ne peuvent être ratifiés ou approuvés qu'en vertu d'une loi.

Ils ne prennent effet qu'après avoir été ratifiés ou approuvés.

Nulle cession, nul échange, nulle adjonction de territoire n'est valable sans le consentement des populations intéressées.

Article 53-1

La République peut conclure avec les États européens qui sont liés par des engagements identiques aux siens en matière d'asile et de protection des Droits de l'Homme et des libertés fondamentales, des accords déterminant leurs compétences respectives pour l'examen des demandes d'asile qui leur sont présentées.

sure, introduced within the subsequent twenty-four hours, is carried as provided in the preceding paragraph.

The Prime Minister may ask the Senate to approve a statement of general policy.

Article 50

Where the National Assembly carries a motion of censure, or where it fails to endorse the programme or a statement of general policy of the Government, the Prime Minister must tender the resignation of the Government to the President of the Republic.

Article 51

The closing of ordinary or extraordinary sessions shall be postponed by right in order to permit the application of article 49, if the case arises. Additional sittings shall be held by right for the same purpose.

TITLE VI

On treaties and international agreements

Article 52

The President of the Republic shall negotiate and ratify treaties.

He shall be informed of any negotiations for the conclusion of an international agreement not subject to ratification.

Article 53

Peace treaties, commercial treaties, treaties or agreements relating to international organization, those that commit the finances of the State, those that modify provisions which are matters for statute, those relating to the status of persons, and those that involve the cession, exchange or addition of territory, may be ratified or approved only by virtue of an Act of Parliament.

They shall not take effect until they have been ratified or approved.

No cession, exchange or addition of territory shall be valid without the consent of the population concerned.

Article 53-1

The Republic may conclude, with European States that are bound by commitments identical with its own in the matter of asylum and the protection of human rights and fundamental freedoms, agreements determining their respective jurisdiction in regard to the consideration of requests for asylum submitted to them.

Toutefois, même si la demande n'entre pas dans leur compétence en vertu de ces accords, les autorités de la République ont toujours le droit de donner asile à tout étranger persécuté en raison de son action en faveur de la liberté ou qui sollicite la protection de la France pour un autre motif.

Article 54

Si le Conseil constitutionnel, saisi par le Président de la République, par le Premier ministre, par le Président de l'une ou l'autre assemblée ou par soixante députés ou soixante sénateurs, a déclaré qu'un engagement international comporte une clause contraire à la Constitution, l'autorisation de ratifier ou d'approuver l'engagement international en cause ne peut intervenir qu'après la révision de la Constitution.

Article 55

Les traités ou accords régulièrement ratifiés ou approuvés ont, dès leur publication, une autorité supérieure à celle des lois, sous réserve, pour chaque accord ou traité, de son application par l'autre partie.

TITRE VII
Le Conseil constitutionnel.

Article 56

Le Conseil constitutionnel comprend neuf membres, dont le mandat dure neuf ans et n'est pas renouvelable. Le Conseil constitutionnel se renouvelle par tiers tous les trois ans. Trois des membres sont nommés par le Président de la République, trois par le Président de l'Assemblée nationale, trois par le Président du Sénat.

En sus des neuf membres prévus ci-dessus, font de droit partie à vie du Conseil constitutionnel les anciens Présidents de la République.

Le Président est nommé par le Président de la République. Il a voix prépondérante en cas de partage.

Article 57

Les fonctions de membre du Conseil constitutionnel sont incompatibles avec celles de ministre ou de membre du Parlement. Les autres incompatibilités sont fixées par une loi organique.

Article 58

Le Conseil constitutionnel veille à la régularité de l'élection du Président de la République.

However, even if the request does not fall within their jurisdiction under the terms of these agreements, the authorities of the Republic shall remain empowered to grant asylum to any foreigner who is persecuted for his action in pursuit of freedom or who seeks the protection of France for some other reason.

Article 54

If the Constitutional Council, on a reference from the President of the Republic, from the Prime Minister, from the President of one or the other assembly, or from sixty deputies or sixty senators, has declared that an international commitment contains a clause contrary to the Constitution, authorization to ratify or approve the international commitment in question may be given only after amendment of the Constitution.

Article 55

Treaties or agreements duly ratified or approved shall, upon publication, prevail over Acts of Parliament, subject, in regard to each agreement or treaty, to its application by the other party.

TITLE VII

The constitutional council

Article 56

The Constitutional Council shall consist of nine members, whose term of office shall be nine years and shall not be renewable. One third of the membership of the Constitutional Council shall be renewed every three years. Three of its members shall be appointed by the President of the Republic, three by the President of the National Assembly and three by the President of the Senate.

In addition to the nine members provided for above, former Presidents of the Republic shall be *ex officio* life members of the Constitutional Council.

The President shall be appointed by the President of the Republic. He shall have a casting vote in the event of a tie.

Article 57

The office of member of the Constitutional Council shall be incompatible with that of minister or Member of Parliament. Other incompatibilities shall be determined by an institutional Act.

Article 58

The Constitutional Council shall ensure the proper conduct of the election of the President of the Republic.

Il examine les réclamations et proclame les résultats du scrutin.

Article 59

Le Conseil constitutionnel statue, en cas de contestation, sur la régularité de l'élection des députés et des sénateurs.

Article 60

Le Conseil constitutionnel veille à la régularité des opérations de référendum et en proclame les résultats.

Article 61

Les lois organiques, avant leur promulgation, et les règlements des assemblées parlementaires, avant leur mise en application, doivent être soumis au Conseil constitutionnel qui se prononce sur leur conformité à la Constitution.

Aux mêmes fins, les lois peuvent être déférées au Conseil constitutionnel, avant leur promulgation, par le Président de la République, le Premier ministre, le Président de l'Assemblée nationale, le Président du Sénat ou soixante députés ou soixante sénateurs.

Dans les cas prévus aux deux alinéas précédents, le Conseil constitutionnel doit statuer dans le délai d'un mois. Toutefois, à la demande du Gouvernement, s'il y a urgence, ce délai est ramené à huit jours.

Dans ces mêmes cas, la saisine du Conseil constitutionnel suspend le délai de promulgation.

Article 62

Une disposition déclarée inconstitutionnelle ne peut être promulguée ni mise en application.

Les décisions du Conseil constitutionnel ne sont susceptibles d'aucun recours. Elles s'imposent aux pouvoirs publics et à toutes les autorités administratives et juridictionnelles.

Article 63

Une loi organique détermine les règles d'organisation et de fonctionnement du Conseil constitutionnel, la procédure qui est suivie devant lui et notamment les délais ouverts pour le saisir de contestations.

It shall examine complaints and shall declare the results of the vote.

Article 59

The Constitutional Council shall rule on the proper conduct of the election of deputies and senators in disputed cases.

Article 60

The Constitutional Council shall ensure the proper conduct of referendum proceedings and shall declare the results of the referendum.

Article 61

Institutional Acts, before their promulgation, and the rules of procedure of the parliamentary assemblies, before their entry into force, must be referred to the Constitutional Council, which shall rule on their conformity with the Constitution.

To the same end, Acts of Parliament may be referred to the Constitutional Council, before their promulgation, by the President of the Republic, the Prime Minister, the President of the National Assembly, the President of the Senate, or sixty deputies or sixty senators.

In the cases provided for in the two preceding paragraphs, the Constitutional Council must rule within one month. However, at the request of the Government, if the matter is urgent, this period shall be reduced to eight days.

In these same cases, reference to the Constitutional Council shall suspend the time limit for promulgation.

Article 62

A provision declared unconstitutional shall be neither promulgated nor implemented.

No appeal shall lie from the decisions of the Constitutional Council. They shall be binding on public authorities and on all administrative authorities and all courts.

Article 63

An institutional Act shall determine the rules of organization and operation of the Constitutional Council, the procedure to be followed before it and, in particular, the time limits allowed for referring disputes to it.

TITRE VIII
De l'autorité judiciaire.

Article 64

Le Président de la République est garant de l'indépendance de l'autorité judiciaire.

Il est assisté par le Conseil supérieur de la magistrature.

Une loi organique porte statut des magistrats.

Les magistrats du siège sont inamovibles.

Article 65

Le Conseil supérieur de la magistrature est présidé par le Président de la République. Le ministre de la justice en est le vice-président de droit.Il peut suppléer le Président de la République.

Le Conseil supérieur de la magistrature comprend deux formations, l'une compétente à l'égard des magistrats du siège, l'autre à l'égard des magistrats du parquet.

La formation compétente à l'égard des magistrats du siège comprend, outre le Président de la République et le Garde des sceaux, cinq magistrats du siège et un magistrat du parquet, un conseiller d'État, désigné par le Conseil d'État, et trois personnalités n'appartenant ni au Parlement ni à l'ordre judiciaire, désignées respectivement par le Président de la République, le Président de l'Assemblée nationale et le Président du Sénat.

La formation compétente à l'égard des magistrats du parquet comprend, outre le Président de la République et le Garde des sceaux, cinq magistrats du parquet et un magistrat du siège, le conseiller d'État et les trois personnalités mentionnés à l'alinéa précédent.

La formation du Conseil supérieur de la magistrature compétente à l'égard des magistrats du siège fait des propositions pour les nominations des magistrats du siège à la Cour de cassation, pour celles de premier président de cour d'appel et pour celles de président de tribunal de grande instance. Les autres magistrats du siège sont nommés sur son avis conforme.

Elle statue comme conseil de discipline des magistrats du siège. Elle est alors présidée par le premier président de la Cour de cassation.

La formation du Conseil supérieur de la magistrature compétente à l'égard des magistrats du parquet donne son avis pour les nominations concernant les magistrats du parquet, à l'exception des emplois auxquels il est pourvu en Conseil des ministres.

Elle donne son avis sur les sanctions disciplinaires concernant les magistrats du parquet. Elle est alors présidée par le procureur général près la Cour de cassation.

Une loi organique détermine les conditions d'application du présent article.

TITLE VIII
On judicial authority

Article 64

The President of the Republic shall be the guarantor of the independence of the judicial authority.

He shall be assisted by the High Council of the Judiciary.

An institutional Act shall determine the regulations governing the members of the judiciary (6).

Judges shall be irremovable.

Article 65

The High Council of the Judiciary shall be presided over by the President of the Republic. The Minister of Justice shall be its vice-president *ex officio*. He may deputize for the President of the Republic.

The High Council of the Judiciary shall consist of two sections, one with jurisdiction for judges, the other for public prosecutors.

The section with jurisdiction for judges shall comprise, in addition to the President of the Republic and the Minister of Justice, five judges and one public prosecutor, one *conseiller d'Etat* appointed by the *Conseil d'Etat,* and three prominent citizens who are not members either of Parliament or of the judiciary, appointed respectively by the President of the Republic, the President of the National Assembly and the President of the Senate.

The section with jurisdiction for public prosecutors shall comprise, in addition to the President of the Republic and the Minister of Justice, five public prosecutors and one judge, and the *conseiller d'Etat* and the three prominent citizens referred to in the preceding paragraph.

The section of the High Council of the Judiciary with jurisdiction for judges shall make nominations for the appointment of judges in the Court of Cassation, the first presidents of the courts of appeal and the presidents of the *tribunaux de grande instance*. Other judges shall be appointed with its assent.

It shall act as the disciplinary council for judges. When acting in that capacity, it shall be presided over by the first president of the Court of Cassation.

The section of the High Council of the Judiciary with jurisdiction for public prosecutors shall give its opinion on the appointment of public prosecutors, with the exception of posts to be filled in the Council of Ministers.

It shall give its opinion on disciplinary penalties with regard to public prosecutors. When acting in that capacity, it shall be presided over by the chief public prosecutor at the Court of Cassation.

An institutional Act shall determine the manner in which this article is to be implemented.

---

(6) The judiciary is to be understood as consisting of the Bench and public prosecutors.

Article 66

Nul ne peut être arbitrairement détenu.

L'autorité judiciaire, gardienne de la liberté individuelle, assure le respect de ce principe dans les conditions prévues par la loi.

TITRE IX
La Haute Cour de justice.

Article 67

Il est institué une Haute Cour de justice.

Elle est composée de membres élus, en leur sein et en nombre égal, par l'Assemblée nationale et par le Sénat après chaque renouvellement général ou partiel de ces assemblées. Elle élit son Président parmi ses membres.

Une loi organique fixe la composition de la Haute Cour, les règles de son fonctionnement ainsi que la procédure applicable devant elle.

Article 68

Le Président de la République n'est responsable des actes accomplis dans l'exercice de ses fonctions qu'en cas de haute trahison. Il ne peut être mis en accusation que par les deux assemblées statuant par un vote identique au scrutin public et à la majorité absolue des membres les composant ; il est jugé par la Haute Cour de justice.

TITRE X
De la responsabilité pénale des membres du Gouvernement.

Article 68-1

Les membres du Gouvernement sont pénalement responsables des actes accomplis dans l'exercice de leurs fonctions et qualifiés crimes ou délits au moment où ils ont été commis.

Ils sont jugés par la Cour de justice de la République.

La Cour de justice de la République est liée par la définition des crimes et délits ainsi que par la détermination des peines telles qu'elles résultent de la loi.

Article 68-2

La Cour de justice de la République comprend quinze juges : douze parlementaires élus, en leur sein et en nombre égal, par l'Assemblée nationale et par le Sénat

Article 66

No one shall be arbitrarily detained.

The judicial authority, guardian of individual liberty, shall ensure the observance of this principle as provided by statute.

TITLE IX
The high Court of justice

Article 67

A High Court of Justice shall be established.

It shall be composed, in equal number, of members elected from among their ranks by the National Assembly and the Senate, after each general or partial renewal by election of these assemblies. It shall elect its President from among its members.

An institutional Act shall determine the composition of the High Court of Justice, its rules of operation and the procedure to be applied before it.

Article 68

The President of the Republic shall not be held liable for acts performed in the exercise of his duties except in the case of high treason. He may be indicted only by the two assemblies ruling by identical votes in open ballots and by an absolute majority of their members; he shall be tried by the High Court of Justice.

TITLE X
On the criminal liability of members of the Government

Article 68-1

Members of the Government shall be criminally liable for acts performed in the exercise of their duties and classified as serious crimes or other major offences at the time they were committed.

They shall be tried by the Court of Justice of the Republic.

The Court of Justice of the Republic shall be bound by such definition of serious crimes and other major offences and such determination of penalties as are laid down by statute.

Article 68-2

The Court of Justice of the Republic shall consist of fifteen members: twelve Members of Parliament, elected in equal number from among their ranks by the

après chaque renouvellement général ou partiel de ces assemblées et trois magistrats du siège à la Cour de cassation, dont l'un préside la Cour de justice de la République.

Toute personne qui se prétend lésée par un crime ou un délit commis par un membre du Gouvernement dans l'exercice de ses fonctions peut porter plainte auprès d'une commission des requêtes.

Cette commission ordonne soit le classement de la procédure, soit sa transmission au procureur général près la Cour de cassation aux fins de saisine de la Cour de justice de la République.

Le procureur général près la Cour de cassation peut aussi saisir d'office la Cour de justice de la République sur avis conforme de la commission des requêtes.

Une loi organique détermine les conditions d'application du présent article.

Article 68-3

Les dispositions du présent titre sont applicables aux faits commis avant son entrée en vigueur.

TITRE XI

Le Conseil économique et social.

Article 69

Le Conseil économique et social, saisi par le Gouvernement, donne son avis sur les projets de loi, d'ordonnance ou de décret ainsi que sur les propositions de loi qui lui sont soumis.

Un membre du Conseil économique et social peut être désigné par celui-ci pour exposer devant les assemblées parlementaires l'avis du Conseil sur les projets ou propositions qui lui ont été soumis.

Article 70

Le Conseil économique et social peut être également consulté par le Gouvernement sur tout problème de caractère économique ou social. Tout plan ou tout projet de loi de programme à caractère économique ou social lui est soumis pour avis.

Article 71

La composition du Conseil économique et social et ses règles de fonctionnement sont fixées par une loi organique.

National Assembly and the enate after each general or partial rene ɡal by election of these assemblies, and three judges of the Court of Cassation, one of whom shall preside over the Court of Justice of the Republic.

Any person claiming to be a victim of a serious crime or other major offence committed by a member of the Government in the exercise of his duties may lodge a complaint with a petitions committee.

This committee shall order the case to be either closed or forwarded to the chief public prosecutor at the Court of Cassation for referral to the Court of Justice of the Republic.

The chief public prosecutor at the Court of Cassation may also make a reference *ex officio* to the Court of Justice of the Republic with the assent of the petitions committee.

An institutional Act shall determine the manner in which this article is to be implemented.

Article 68-3

The provisions of this title shall apply to acts committed before its entry into force.

TITLE XI

The Economic and Social Council

Article 69

The Economic and Social Council, on a reference from the Government, shall give its opinion on such government bills, draft ordinances or decrees, and Members' bills as have been submitted to it.

A member of the Economic and Social Council may be designated by the Council to present, to the parliamentary assemblies, the opinion of the Council on such bills or drafts as have been submitted to it.

Article 70

The Economic and Social Council may likewise be consulted by the Government on any economic or social issue. Any plan or programme bill of an economic or social character shall be submitted to it for its opinion.

Article 71

The composition of the Economic and Social Council and its rules of procedure shall be determined by an institutional Act.

TITRE XII
Des collectivités territoriales.

Article 72

Les collectivités territoriales de la République sont les communes, les départements, les territoires d'outre-mer. Toute autre collectivité territoriale est créée par la loi.

Ces collectivités s'administrent librement par des conseils élus et dans les conditions prévues par la loi.

Dans les départements et les territoires, le délégué du Gouvernement a la charge des intérêts nationaux, du contrôle administratif et du respect des lois.

Article 73

Le régime législatif et l'organisation administrative des départements d'outre-mer peuvent faire l'objet de mesures d'adaptation nécessitées par leur situation particulière.

Article 74

Les territoires d'outre-mer de la République ont une organisation particulière tenant compte de leurs intérêts propres dans l'ensemble des intérêts de la République.

Les statuts des territoires d'outre-mer sont fixés par des lois organiques qui définissent, notamment, les compétences de leurs institutions propres, et modifiés, dans la même forme, après consultation de l'assemblée territoriale intéressée.

Les autres modalités de leur organisation particulière sont définies et modifiées par la loi après consultation de l'assemblée territoriale intéressée.

Article 75

Les citoyens de la République qui n'ont pas le statut civil de droit commun, seul visé à l'article 34, conservent leur statut personnel tant qu'ils n'y ont pas renoncé.

Article 76

Abrogé.

TITRE XIII

Abrogé.

TITLE XII

On territorial units

Article 72

The territorial units of the Republic shall be the communes, the departments and the overseas territories. Any other territorial unit shall be established by statute.

These units shall be self-governing through elected councils and in the manner provided by statute.

In the departments and the territories, the delegate of the Government shall be responsible for national interests, administrative supervision and the observance of the law.

Article 73

Measures may be taken to adapt the legislative system and administrative organization of the overseas departments to their particular situation.

Article 74

The overseas territories of the Republic shall have a particular form of organization which takes account of their own interests with due regard for the general interest of the Republic.

The bodies of rules governing the overseas territories shall be established by institutional Acts that define, *inter alia,* the jurisdiction of their own institutions; they shall be amended in accordance with the same procedure after consultation with the territorial assembly concerned.

Other provisions concerning their particular form of organization shall be defined and amended by statute after consultation with the territorial assembly concerned.

Article 75

Citizens of the Republic who do not have ordinary civil status, the only one referred to in article 34, shall retain their personal status so long as they have not renounced it.

Article 76

(Repealed)

TITLE XIII

(Repealed)

TITRE XIV

Des accords d'association.

Article 88

La République peut conclure des accords avec des États qui désirent s'associer à elle pour développer leurs civilisations.

TITRE XV

Des Communautés européennes et de l'Union européenne.

Article 88-1

La République participe aux Communautés européennes et à l'Union européenne, constituées d'États qui ont choisi librement, en vertu des traités qui les ont instituées, d'exercer en commun certaines de leurs compétences.

Article 88-2

Sous réserve de réciprocité et selon les modalités prévues par le traité sur l'Union européenne signé le 7 février 1992, la France consent aux transferts de compétences nécessaires à l'établissement de l'union économique et monétaire européenne ainsi qu'à la détermination des règles relatives au franchissement des frontières extérieures des États membres de la Communauté européenne.

Article 88-3

Sous réserve de réciprocité et selon les modalités prévues par le traité sur l'Union européenne signé le 7 février 1992, le droit de vote et d'éligibilité aux élections municipales peut être accordé aux seuls citoyens de l'Union résidant en France. Ces citoyens ne peuvent exercer les fonctions de maire ou d'adjoint ni participer à la désignation des électeurs sénatoriaux et à l'élection des sénateurs. Une loi organique votée dans les mêmes termes par les deux assemblées détermine les conditions d'application du présent article.

Article 88-4.

Le Gouvernement soumet à l'Assemblée ntionale et au Sénat, dès leur transmission au Conseil des Communautés, les propositions d'actes communautaires comportant des dispositions de nature législative.

Pendant les sessions ou en dehors d'elles, des résolutions peuvent être votées dans le cadre du présent article, selon des modalités déterminées par le règlement de chaque assemblée.

TITLE XIV

On association agreements

Article 88

The Republic may conclude agreements with States that wish to associate themselves with it in order to develop their civilizations.

TITLE XV

On the European communities and the European union

Article 88-1

The Republic shall participate in the European Communities and in the European Union constituted by States that have freely chosen, by virtue of the treaties that established them, to exercise some of their powers in common.

Article 88-2

Subject to reciprocity and in accordance with the terms of the Treaty on European Union signed on 7 February 1992, France agrees to the transfer of powers necessary for the establishment of European economic and monetary union and for the determination of rules relating to the crossing of the external borders of the Member States of the European Community.

Article 88-3

Subject to reciprocity and in accordance with the terms of the Treaty on European Union signed on 7 February 1992, the right to vote and stand as a candidate in municipal elections shall be granted only to citizens of the Union residing in France. Such citizens shall neither exercise the office of mayor or deputy mayor nor participate in the designation of Senate electors or in the election of senators. An institutional Act passed in identical terms by the two assemblies shall determine the manner of implementation of this article.

Article 88-4

The Government shall lay before the National Assembly and the Senate any proposals for Community instruments which contain provisions which are matters for statute as soon as they have been transmitted to the Council of the Communities.

Whether Parliament is in session or not, resolutions may be passed under this article in the manner laid down by the rules of procedure of each assembly.

TITRE XVI
De la révision.

Article 89

L'initiative de la révision de la Constitution appartient concurremment au Président de la République sur proposition du Premier ministre et aux membres du Parlement.

Le projet ou la proposition de révision doit être voté par les deux assemblées en termes identiques. La révision est définitive après avoir été approuvée par référendum.

Toutefois, le projet de révision n'est pas présenté au référendum lorsque le Président de la République décide de le soumettre au Parlement convoqué en Congrès ; dans ce cas, le projet de révision n'est approuvé que s'il réunit la majorité des trois cinquièmes des suffrages exprimés. Le Bureau du Congrès est celui de l'Assemblée nationale.

Aucune procédure de révision ne peut être engagée ou poursuivie lorsqu'il est porté atteinte à l'intégrité du territoire.

La forme républicaine du Gouvernement ne peut faire l'objet d'une révision.

TITRE XVII
Abrogé.

TITLE XVI

On the amendment of the Constitution

Article 89

The President of the Republic, on a proposal by the Prime Minister, and Members of Parliament alike shall have the right to initiate amendment of the Constitution.

A government or a Member's bill to amend the Constitution shall be passed by the two assemblies in identical terms. The amendment shall have effect after approval by referendum.

However, a government bill to amend the Constitution shall not be submitted to referendum where the President of the Republic decides to submit it to Parliament convened in Congress (7); the government bill to amend the Constitution shall then be approved only if it is adopted by a three-fifths majority of the votes cast. The Bureau of the Congress shall be that of the National Assembly.

No amendment procedure shall be commenced or continued where the integrity of the territory is jeopardized.

The republican form of government shall not be the object of an amendment.

TITLE XVII

(Repealed)

---

(7) Joint session of the National Assembly and the Senate convened specially for this purpose.

Imprimé pour l'Assemblée nationale par la Société Nouvelle des Librairies-Imprimeries Réunies
5, rue Saint-Benoît, 75006 Paris